LA VIE

DE

SAINCT YTHIER

CONFESSEVR

EVESQVE DE NEVERS

ET

PATRON DE SULLY-SUR-LOIRE

ORLÉANS

H. HERLUISON, LIBRAIRE-ÉDITEUR,

RUE JEANNE-D'ARC, 29.

—

1860

LA VIE

DE

SAINCT YTHIER.

ORLÉANS. — IMP. COLAS-GARDIN.

LA VIE

DE

SAINCT YTHIER

CONFESSEVR,

EVESQVE DE NEVERS.

(Suivant la copie imprimée à Bourges par J. Toubeau. — 1657)

ORLÉANS

H. HERLUISON, LIBRAIRE-ÉDITEUR,

RUE JEANNE-D'ARC, 29.

—

1860

A TRES NOBLE

ET REVERENDISSIME

PERE EN DIEV MESSIRE IEAN

DV MESNIL-SIMON

ABBE' DE BEAVIEV

Doyen de l'Eglise de Bourges Prieur des Aix etc.

*M*ONSIEVR,

Ce seroit vne coupable negligence et vne ingratitude criminelle, si parmy tant de faueurs que nous receuons iournellement du Ciel par les merites du grand S. Ythier Euesque de Neuers et Patron de nostre Eglise, nous ne nous efforcions de luy rendre au moins quelques tesmoignages de nos reconnoissances, c'est le motif qui nous oblige de mettre au iour ce petit discours de sa vie et mœurs, tant pour seruir de modele à la vie des Chrestiens et des ames aspirantes à la perfection, que pour faire admirer son éminente saincteté. Mais comme vous estes le Chef de nostre compagnie, rien ne s'y doit faire notamment des choses qui doiuent legitimement paroistre en public sans vostre adueu, et que vostre authorité ne luy donne le poids, ioinct que comme vous auez pris naissance dans cette tres ancienne et tres noble maison, dont l'histoire raconte les genereux faits de vos tres nobles Ancestres, et que les vertus sont en vous comme dans leur lustre, qui vous doiuent faire esperer quelque chose de plus, il ne faut pas craindre de mettre en lumiere ces pages sous cette ombre, et qu'elles ne trouuent de l'approbation dans les ames sainctes. Vostre pieté, MONSIEVR, pour aduancer la gloire de nostre Sainct, n'aura pas desagreable le dessein que nous auons pris de rechercher dans de vieux manuscrits et de tres anciennes panchartes en langue latine, quelques particularités de la vie et des mœurs de nostre Sainct Patron qui n'auroient point encor esté mises en nostre langue, ce qui auroit esté cause que cela ne seroit venu à la connoissance du commun peuple : mais afin qu'vn châcun soit touché de vraye deuotion et pieté enuers vn si grand Sainct, et pour faire connoistre que Dieu est admirable en ses Saincts, et qu'il y fait reluire les ordres d'vne merueil- leuse sagesse et d'vne sage prouidence, princi- palement lors qu'on verra porter en public ses précieuses reliques, comme nous auons fait ces

dernieres années, au temps des grandes seche-
resses, nous auons donné au public quelques
recherches particulieres de sa vie, les mettant en
langue vulgaire, afin que les peuples en ayant
connoissance soient plus zelés à reuerer sa me-
moire et recourir à ses prieres, et specialement
ceux desquels il est Protecteur. Nous vous sup-
plions d'accepter l'offre que vous en font auec
souhait d'vne abondance de benedictions par les
merites et intercessions de ce Sainct,

MONSIEVR,

Vos tres humbles et tres affectionnés seruiteurs
et Confreres,

Les Chanoines du Chapitre des Aix.

LA VIE

DE

SAINCT YTHIER

CONFESSEVR,

EVESQVE DE NEVERS.

DE mesme que les Geographes mettent tout l'vni-
uers dans vne petite carte, ainsi nous auons
compris en peu de mots la vie et les mœurs du grand
S. Ythier, Euesque de Neuers, Protecteur et Patron de
l'Eglise collegialle et seculiere des Aix, qui merite-
roit vn long discours.

Sainct Ythier estoit natif de Noyen prés Montargis,
Diocese de Sens : il s'adonna si fort dés sa ieunesse à
l'estude des bonnes lettres, qu'en peu de temps il
deuint si sçauant qu'il surpassoit en doctrine tous les
plus beaux esprits, et ce qui est plus remarquable,
c'est que dés son bas aage il sembloit que la vertu se
fut incorporée en luy pour se rendre visible aux yeux
des mortels, le bien-faire qui vient aux autres par
estude, sembloit luy venir par nature, puisqu'il
auoit consacré son enfance par l'ignorance des vices
et la blancheur de l'innocence ; si vous regardez les

vertus qui ont accoustumé de donner commencement
à l'édifice spirituel, comme sont la sobriété et la con-
tinence, Sainct Ythier prenoit les ieusnes par delec-
tation, ne mangeant pour l'ordinaire qu'vne fois le
iour, cet exercice luy seruit de beaucoup à conser-
uer sa pureté qu'il garda inuiolablement durant le
cours de sa vie, il sortoit tous les iours du lit comme
le Phœnix de son nid, n'ayant point d'autres flammes
que celles de ce grand Soleil qui brusle les Anges
au Ciel et les cœurs les plus angeliques sur la terre,
toutes les autres vertus ensuite estoient en Sainct
Ythier comme en leur lustre, il n'estoit point oysif,
toutes ses actions estoient loüables, il estoit prompt
en tout ce qu'il faisoit, et n'auoit qu'vn seul retarde-
ment au monde qui estoit l'oraison d'où iamais il ne
vouloit partir, si la discretion ne luy eust enseigné
de quitter Dieu pour trouuer Dieu. Et quoyque
l'éminence de sa vie le releuast par dessus tous les
hommes, sa douceur neantmoins le rendoit familier
à tous ceux qui auoient besoin de son ayde, les re-
paissant de choses spirituelles et les guarissant de
quelque sorte de maladie dont ils eussent esté affligés,
les priant de ne le pas dire, mais bien d'en rapporter
toute la gloire à Dieu. Or comme les ames sainctes
doiuent tousiours estre dans la défiance d'elles-
mesmes et dans la crainte de décheoir de leur saincteté de vie par quelque vaine estime qu'elles pourroient
auoir de leurs propres forces, suiuant le dire de

l'Apostre, *qui stat, videat ne cadat,* celuy qui est debout se garde de tomber, et selon Sainct Augustin qui dit, *qui statis,* qui signifie la perseuerance au seruice de Dieu : car il est dit de celuy qui fut l'Archange, *in veritate non stetit,* Sainct Iean 3, il n'a pas perseueré, et de l'amy de l'époux, *amicus sponsi stat,* il perseuere, nostre Sainct donc craignant de ne pas perseuerer se resolut de se dérober aux yeux des mortels, et de chercher vn lieu qui le rendroit inconnu, pour vacquer iour et nuit à l'oraison, ce fut vn lieu appellé Vathan, inhabité et remply d'épines si espaisses que mesme les bestes sauuages n'y pouuoient passer. Mais comme Dieu est ialoux de l'honneur des siens, il ne permit pas que ce Soleil fust long temps éclipsé, de sorte que ses rayons paroissant plus brillans qu'auparauant, on accourut à luy de toutes parts, les vns pour honorer et admirer son éminente saincteté, les autres pour recouurer la santé et estre guaris de quelque sorte de maladie qu'on fust affligé, sur quoy il pensa pour le mesme suiet qu'auparauant de se retirer, et aller en Ligurie qui est vne Prouince dans l'Italie entre le fleuue Vare, le Tanare et la mer Ligustique ainsi nommée de cette Prouince, vn pays plein de montaignes estant sur les Confins de la Sauoye, dont la Ville capitalle est Genes la superbe; mais il fut aduerty par vn Ange comme vn autre Ioseph de ne point quitter la France, et que Dieu luy feroit sçauoir bien tost ce qu'il vou-

loit faire de luy, ce qui arriua par le moyen de deux
Legats du Sainct Siege qui vinrent à Soissons pour
quelque vrgente affaire, lesquels sur la renommée
de la saincteté du grand Sainct Ythier, l'allerent
trouuer, et ayant admiré les merueilles de sa vie,
tout rauis de ioye s'escrierent (comme fit autrefois la
Reine de Saba à l'endroit de Salomon) que ce qu'on
en disoit n'estoit rien à l'esgard de ce qu'ils en
auoient veu. C'est icy que s'accomplit la reuelation
que nostre Sainct auoit eue de ne point sortir hors de
France, iusqu'à ce qu'il eut receu le mandement de
Sainct Sergius qui occupoit pour lors la chaire de
Sainct Pierre, et estoit desia informé de sa rare
saincteté de vie, de sa science sublime et de l'excel-
lence de ses vertus, pour l'aller trouuer à Rome,
comme il fit ensuite, auquel apres auoir fait les soû-
missions et rendu les respects qu'on a accoustumé,
sa Saincteté luy tesmoigna vn extréme contentement
de le voir, et le retint à Rome l'espace de dix-huict
mois, pendant lesquels il fit vne infinité de miracles :
car de tous les lieux on accouroit à luy pour receuoir
du soulagement, les Paralitiques mesme et les Po-
dagres s'y faisoient porter, et par apres s'en retour-
noient d'eux mesmes auec vn extréme contantement
d'auoir par les merites de nostre Sainct recouuré la
santé ; les Sourds, les Muets, les Aveugles, et les
Affligez de toutes sortes de maladies, mesme incu-
rables, y trouuoient vne entiere guarison. Ce ne fut

pas sans grand dessein que Dieu inspira ce grand
Sainct de s'acheminer à Rome ; la diuine prouidence
a des secrets qui ne sont pas connus aux hommes,
Dieu ne l'auoit pas doüé de graces si excessiues,
pour ne le pas faire vn des grands Prélats de son
Eglise par une voye extraordinaire, car sa vocation
diuine à la prélature de cette façon est si manifeste,
que quand elle seroit escritte avec les rayons du Soleil, elle ne seroit pas plus claire : car qu'y peut-il
auoir de plus diuin en cette celebre assemblée du
Clergé de Neuers pour l'eslection de leur Euesque
auec tout le peuple, que de voir vne colombe appor-
ter vn billet du Ciel et le poser sur l'autel en présence
de tous, qui portoit que Dieu auoit esleu un nommé
Ythier qui estoit pour lors à Rome aupres du Pape ;
cette colombe n'estoit autre qu'vn Ange, comme celle
qui apporta la Saincte Ampoule auec son bec, dont
Clouis et ses successeurs ont esté oincts depuis, ainsi
l'assure Sainct Thomas au liure de l'institution des
Princes ; cette diuine eslection resioüit extremement
le Clergé et tout le peuple, on enuoye ensuite deux
des venerables Chanoines de la Cathedrale de Neuers
à Rome, pour aduertir le Pape de ce qui s'estoit
passé en l'eslection de leur Euesque ; sa Saincteté
confirma l'eslection de nostre Sainct, et l'ayant consacré le renuoya en son diocese, il est croyable que
luy ayant donné sa benediction apostolique, il le
congedia auec ces paroles du cinquiéme des prouerbes,

bibe aquam de cisterna tua et fluenta putei tui, deriuentur fontes tui foras, et in plateis aquas tuas diuide, beuuez mon fils hardiment de l'eau de vostre cisterne, et de la viue source qui coule au puits de vostre cœur, faites ruisseler au dehors l'abondance des dons que Dieu vous a communiqués, distribuez les ondes cristallines des celestes faueurs qui sont en vous en pleine grace, afin que châcun en puisse boire à souhait. Nostre Sainct Euesque ensuite s'achemine à Neuers, où estant arriué le Clergé et tout le peuple allerent au deuant, et le receurent auec vne infinité d'acclamations en tesmoignage de bienueillance, et ce qui leur donna vn surcroist de resioüissance, ce fut les miracles qu'il fit d'vn Paralitique qu'on auoit porté en son chemin, auquel il donna la guarison, et chassa le diable du corps d'vn homme possedé, auec quantité d'autres miracles que ie passe sous silence qui feroient vn gros volume, outre l'esperance qu'ils auoient qu'en consequence de l'éminente Saincteté de leur Prélat, le Ciel verseroit ses diuines influences et sainctes benedictions sur tout le troupeau. C'est vne chose impossible de pouuoir raconter la vigilance que le bon Pasteur apportoit au gouuernement de son troupeau, et l'austerité de vie qu'il menoit pendant le reste de ses iours, c'estoit vn Euesque qui ieusnoit souuent au pain et à l'eau, qui celebroit la messe châque iour auec vne majesté plus qu'humaine, qui portoit vn rude cilice, qui dormoit sur la dure, qui ne bougeoit de son diocese, qui se rendoit infatigable en sa charge, et en toute sorte de bonnes œuvres. Enfin apres auoir gouuerné avec admiration enuiron neuf années l'Eglise de Dieu à Neuers, accablé de vieillesse, il paya la debte commune à la nature par un excés d'amour de son Saueur qui fit fendre son cœur, et enuoya son ame comme une divine sagette dans les Cieux ; l'amour fit en ce cœur l'office de la mort separant l'ame du corps sans concurrence d'aucune autre cause, comme elle a fait à l'endroit de Saincte Therese, Saincte Claire de Mont-faucon, du grand Sainct François, et de quantité d'autres. Apres le deceds de nostre S. Euesque, on dépose son sacré corps au tombeau dans l'Eglise Cathedrale de Neuers, duquel il sortit miraculeusement par trois fois en diuers iours y ayant esté remis autant de fois, sur ce miracle on eut recours aux vœux, aux ieusnes et aux suffrages de l'Eglise pour apprendre la volonté de Dieu touchant l'endroit de la sepulture de Sainct Ythier; apres quelques iours comme tout le peuple estoit assemblé pour vacquer aux prieres, on entendit vne voix du Ciel, qui leur dit qu'il falloit porter le corps de Sainct Ythier dans vne barque sans Matelots, et la laisser aller là où il plairoit à Dieu, cela fait, la riuiere l'amena vis à vis du Bourg de Noyen son païs natal entre Gien et Montargis, ce qui ne se fit pas sans vne infinité de miracles : car par tout où il passoit les

cloches sonnoient d'elles mesmes , et les malades qui
estoient dans leurs lits des deux costés de la riuiere
comme le corps de nostre grand Sainct passoit, se
trouuoient au mesme instant soulagés. Estant enfin
arriué vis à vis du païs de sa naissance , l'eau le mit
au port, et par le ministere d'vn Ange , on le trouua
la nuict suiuante hors du batteau , et porté dans vn
chariot traisné par des bœufs que personne ne gui-
doit, et rendirent le corps de Sainct Ythier le lende-
main du matin à la porte de l'Eglise paroissialle de
Noyen : à son arriuée toutes les cloches sonnerent
miraculeusement, comme conuoquant le peuple de
venir admirer cette grande merueille, on ne peut
raconter la ioye que cette arriuée apporta dans tout le
voisinage, ce n'estoit que benedictions auec vne infinité d'acclamations , iamais iour ne sembla reluire
plus delicieusement dans toute cette contrée : enfin
cette precieuse relique fut déposée auec tous les respects et ceremonies possibles deuant le grand Autel
de ladite Eglise de Noyen, où elle repose encore à
present ainsi qu'en font foy les manuscrits et vieilles
panchartes en lettre gothique extraites de ladite Eglise
paroissialle qui porte le nom de Sainct Ythier, et vne
partie des Habitans en portent aussi le nom , comme
estant leur Patron. L'Eglise collegialle et seculiere des
Aix d'Angilon , diocese de Bourges , porte aussi le
nom de Sainct Ythier, et est dediée et fondée en son
honneur , et enrichie d'vne partie de ses tres pre-

cieuses reliques, ce qui paroist par le certificat du
Duc Iean de Berry, fils du Roy Iean, qui est dans
le thresor de ladite Eglise des Aix de l'année 1403,
dont la coppie est cy-apres du temps de VVlgrinus
le soixante-deuxiéme des Archeuesques dudit Bourges,
l'an de nostre Seigneur onze cens vingt; les Chanoines et Chapitre desdits Aix furent associés à
l'Eglise Cathedrale et Metropolitaine du venerable
Chapitre de Sainct Estienne de Bourges, à quoy le
susdit VVlgrinus donna son approbation, et en-
tr'autres conditions portées par le concordat, l'un des
Chanoines de Sainct Estienne deuoit estre le Prieur
dudit Chapitre des Aix, ce qui a esté annexé du dépuis
au Doyenné de ladite Eglise de S. Estienne de
Bourges, comme aussi que les Chanoines desdits
Aix, *In Ecclesia Sancti Stephani et in Choro
et in Capitulo sedem haberent quasi Canonici.*
L'Eglise collegialle et seculiere des Chanoines de Sully
sur Loire est aussi dediée à Sainct Ythier, et estoit
autrefois bastie dans le Chasteau, et du dépuis quelques années le Seigneur l'a fait transferer dans la
ville en vne chapelle de Nostre-Dame qu'il a fait
agrandir. Dans le diocese de Bourges l'Eglise solem-
nise la feste de Sainct Ythier le vingt-cinquiéme de
Iuin, et dans le diocese de Neuers le huictiéme de
Iuillet auec vne expresse mention de sa vie et de ses
miracles. Messire Michel Cotignon Chanoine et Archi-
prestre de Neuers, dans le catalogue historial des

Euesques de Neuers en l'an 1646, rapporte que Sainct Ythier estoit le seiziéme Euesque, et qu'il succeda à Rogus, il viuoit en l'an six cens quatre-vingt onze, sous le pontificat de Sainct Sergius Pape, premier du nom, et du regne de Theodoric (Thierry III), Roy de France, retiré du Monastere en 680, et qui regna quatorze ans. Ie concluds en disant comme i'ay desia fait, qu'entre tous les autres dons de Dieu, Sainct Ythier auoit celuy de la guarison des maladies, et d'vne tres profonde humilité, c'est ainsi que Dieu se plaist à mettre en éuidence ceux qui ont mesprisé les honneurs, c'est ainsi que le Sauueur du monde releuc la gloire de ses Saincts, pour nous seruir d'exemple et d'aiguillon à la vertu ; vne deuotion tres sincere enuers les Saincts est vn tres puissant motif pour les obliger à nous faire du bien : car comme leur charité est parfaite, ils ont vne plus grande inclination à nous faire du bien que nous à le demander, specialcment és lieux où reposent leurs sainctes Reliques, et où ils sont Protecteurs et Patrons; l'experience iournaliere nous l'apprend, principalement celle de ces dernieres années où ayant porté en procession les Reliques de Sainct Ythier à Saincte Solange pour auoir de la pluye, la nuict suiuante vne eau fauorable arrousa tout païs circonuoisin. Le iour de S. Roch de l'année mil six cens cinquante six, Messieurs les Chanoines des Aix allerent processionnellement auec les mesmes Reliques enuiron vn

quart de lieuë au deuant de la châsse de Saincte Solange, assistée de quinze processions des Paroisses
voisines qui estoient venuës ce iour là à la chapelle
de Sainct Roch distante des Aix enuiron de demie
lieuë, de sorte qu'il y auoit à cette procession plus
de quatre mil personnes, pour obtenir par les merites
du Sainct et de la Saincte vne pluye qui fut miracu-
leuse dans une secheresse la plus grande qui ayt esté
de memoire d'homme; tant il est veritable que Dieu
est admirable en ses Saincts, et qu'il ne peut rien
refuser à ceux qui poussez d'vne vraye et sincere
deuotion se iettent auec confiance entre ses bras et
implorent leur secours. Prions ce grand Sainct qu'il
nous impetre abondance de benedictions en cette vie
et le Paradis en l'autre. Ainsi soit il.

FIN.

CERTIFICAT

DV DVC IEAN DE BERRY

DE SAINCT YTHIER.

IOANNES Regis quondam Francorum filius, Dux Bituricensis et Aruerniæ, Comesque Pictauiensis, Stamparum, Boloniæ, et Aruerniæ, vniuersis præsentes litteras inspecturis, salutem et deuotionis augmentum, notum facimusque quod de consensu, voluntate et beneplacito Prioris Beati Ytherij de Noyen, cepimus de reliquijs eiusmodi Prioratus partem capitis et brachij Beati Ytherij Episcopi et Confessoris. Quas reliquias dedimus ob fauorem et ad requestam dilecti et fidelis physici nostri magistri Symonis Alegreti, Ecclesiæ de Aijs, quæ ad honorem dicti Sancti fundata extitit, vt ibidem perpetuò corpus ipsius Confessoris valeat sicut decet solemniter venerari, in quorum testimonium præsentibus litteris nostrum fecimus apponi sigillum. Datum in villa nostra Bituricensi, die undecimâ mensis Nouembris anno Domini millesimo quadringentesimo tertio.

PROSA

DE SANCTO YTHERIO.

YTherij Sacra gesta Sion pangens manifesta
    cum dulci melodia.

Huic pupillo mors pusillo tam paterna quam
    materna abstulit auxilia.

Quem assumpsit Deus pater, à quo datur ei mater
    frui Philosophia.

Huic studens, hæc erudire fecit eum quæque scire
    sciri possibilia.

Licet artem sciat quamque, plus ethicam, Physi-
    camque habet in memoria.

Plus istarum artium placet exercitium ad plebis
    suffragia.

Mores serit, morbos sanat, ab eodem duplex
    manat opis affluentia.

Fama volans laudes edit, ruunt ægri, sospes redit
    quilibet ad propria.

Laude timens mentem quati, in heremo latens
    pati multa duxit anxia.

Ibi tandem reperitur, et à multis hûc aditur,
    cunctis dat remedia.

Fama scitur circumquaque, hûc à parte fluit
    quaque plebis abundantia.

Via fit latissima, quæ fuit strictissima vixque feris
    peruia.

Vult, cedendo laudis guerræ, ad Ligures se trans-
    ferre discedens à Gallia.

*Mandat Deus ne discedat, sed mittendis viris
credat à Romana curia.*

*Duo viri sensus miri, sunt electi et directi per
Papam in Franciam.*

*Dum mandata sibi data exequuntur, perducuntur
ad Sancti notitiam.*

*Eius fama sanctitatis, scientiæ, et potestatis,
tandem nota fit Legatis per experientiam.*

*Ab his Papæ præsentatur, eidem Papa gratulatur,
Romæ multa plebs sanatur, propter Sancti
gratiam.*

*Misso scripto de supernis, Episcopus fit Niuernis,
solatijs vrbs paternis gaudens currit obuiam.*

*Fit contractus per hunc sanus, et post terga
vinctus manus adeptus est vir insanus sanitatis
copiam.*

*Cathedratur Pastor bonus, non decus sumens
sed onus, gregem docet, fouet, seruat, carni
suæ coaceruat summam pœnitentiam.*

*Cum sic diù plebem rexit, hunc ad cœlos Chris-
tus vexit, cuius prece sic in cœlis nobis, Christe,
dare velis sempiternam gloriam. Amen.*

ANTIPHONA.

AVE Confessor inclyte, YTHERI, lux subditorum,
cohæres vitæ æternæ cum cœtibus Beatorum, Re-
gem quæsumus adeas pro nobis et obtineas te, du-

cendo rectiorem vitam, sectemur Pastorem. Alleluia,
allel.

℣. *Ora pro nobis, Pater Ytheri,*

℞. *Vt digni efficiamur promissionibus Christi.*

OREMVS.

Dᴇᴠꜱ salus omnium, tuorumque fidelium remu-
neratio et præmium, adesto precibus supplican-
tium, vt qui beatissimi Confessoris tui atque Pontificis
Ytherij festiuitate congaudent, miserationis tuæ dona
percipiant per Christum Dominum nostrum. Amen.

APPROBATION.

CETTE vie de Sainct Ythier, mise au iour par Messieurs les venerables Chanoines du Chapitre de l'Eglise de Sainct Ythier des Aix, ne contenant que quantité d'exemples pour la Perfection de la vie chrestienne et conforme à la doctrine de l'Eglise Catholique, Apostolique et Romaine, merite estre donnée au public, tant pour la connoissance de ce grand Sainct, que pour la conduite des mœurs, ainsi que nous l'auons iugé dans nostre Monastere des Peres Carmes de Bourges, ce sixiéme iour de Ianuier de l'an 1657.

Frere François BERTET, Carme,
Docteur en Theologie.
Frere François MASSON, Carme,
Docteur en Theologie.

ORLÉANS. — IMP. COLAS-GARDIN.